Paul Peter Pier Pia Zellin

AF237176

I M M U N

JEDER MENSCH IST
EIN DIPLOMAT

*Das BEST OF der
Liga der Leeren aus
allen deutschsprachigen
Büchern* **2014 – 2020**

Paul Zellin, geb. 6.1.1947 in New York, spielte bis in die 80er-Jahre hinein in San Francisco (Kalifornien) eine wichtige Rolle als weltweit bekannter Guru der späten 60er im Rahmen des Human Potential Movement. Nach der Auflösung seiner Sekte gründete er eine Restaurantkette und lebt heute zurückgezogen in Tamalpais Valley, wo er als 5-Sterne-Koch inkognito neue Gerichte für seine NoYogaFood-Filialen kreiert.

Peter Zellin (Baihu Fāng), born December 6, 1947 in New York. Working as web designer for the LDL group of former gurus. Practising Null Yoga (founded by nephew Pier & niece Pia). Living as a freelance artist (experimental videos and digital photography) at Venice Beach, L.A. (California) since 1975.

Pia & Pier Zellin, geb. 9.9.1974 in Berlin. Als Kinder eines Gurus lernten sie schon früh den "Zirkus um die Erleuchtung" in der Spiriszene kennen und wurden gezwungen zu meditieren. 2015 zog Pier zu seiner Zwillingsschwester nach Kapstadt, wo Pia Antiyoga unterrichtet. Seit 2017 pendeln sie zwischen Kapstadt, Berlin, Santa Monica und Bay Area (San Francisco).

Die **"LIGA DER LEEREN" (LDL)** wurde 2014 als anonymes Netzwerk ehemaliger Gurus ins Leben gerufen, um die Spiriszene satirisch zu analysieren und daraus eine nachhaltige Vision "erleuchteter Menschlichkeit" abzuleiten..

9 783751 943888

ORIGINALAUSGABE 2020
Unter Verwendung von 3 NASA-Fotos
ISBN 9783751943888
Herstellung und Verlag: BoD
Books on Demand, Norderstedt, Germany

"Jedwede Form ist in Wirklichkeit eine Bewegung, und jede lebende Sache ist wie der Fluss, der, würde er nicht irgendwo ausströmen, nie imstande wäre, einzuströmen. Leben und Tod sind nicht einander entgegengesetzte Kräfte; es sind lediglich zwei verschiedene Arten, die gleiche Kraft zu sehen, denn die Bewegung des Wechsels ist ebenso aufbauend wie zerstörend. Der menschliche Körper lebt, weil er ein Gefüge von Bewegungen ist, von Kreislauf, Atmung und Verdauung. Zu versuchen, dem Wechsel zu widerstehen, sich ans Leben zu klammern, ist daher so, als ob du den Atem anhieltest."

Alan Watts: WEISHEIT DES UNGESICHERTEN LEBENS (1951)

Im vorliegenden Buch
"IMMUN" sind *keine* Texte
aus unserem englisch-
sprachigen Buch "ZERO
MEDITATION" enthalten!

Not the world is made of consciousness (as if the whole cosmic matter
would be a fake, illusion, matrix, maya
or at least just a game of God) but
consciousness consists of the world:
matter becomes aware of itself,
THAT'S IT — no god nowhere!

Als gedrucktes Buch
in Deutschland lieferbar
@ *ZEROYOGA.de*

Als eBook in Amerika:
@ *Zero2go.de*

DIPL... o m ...ATIE

Jeder Mensch ist ein Diplomat. Ein Diplomat des EXISTENZIELLEN. Das klingt banal, oder? Ist es auch! Total banal! Jeder Mensch ist ein **Diplomat ohne Botschaft**; denn: das Existenzielle *hat* keine Botschaft – es IST diese allerletzte und einzige Botschaft höchstselbst! Ist das nun auch noch banal? Ja, auch diese ontologische Ergänzung ist weiterhin TOTAL BANAL. Warum? Warum nicht! Sogenannte "spirituelle" Menschen erhoffen sich am Ende ihrer verzweifelten Suche eine gigantische göttliche Antwort auf ihre Frage nach dem eigentlichen, umfassenden, wahren Sinn des gesamten Lebens. Des was? Des LEBENS. Aber was bitteschön ist denn *"das"* Leben? Die Gurus der Leere behaupten mit tiefer gelegter gedämpfter Stimme und OM-Gesang ihrer Schüler, das "absolute" Sein des Seins sei DAS "DAS" und verschanzen sich hinter ihrer geheimnistuerischen Haltung erleuchteter Besserwisserei. Das mögen die Schüler, weil sie sich dadurch in ihrer vermeintlichen Unwissenheit bestärkt fühlen und ihrem Weisheitslehrer mit dieser ungestillten Sehnsucht nach einer Antwort geduldig und tapfer über viele Jahre folgen. Und dann? Kommen wir: als **die Spielverderber, die mit ihren banalen Büchern alles kaputt machen, wofür Du viel Geld investiert hast.** Jetzt sind natürlich *wir* die arroganten Arschlöcher ohne Respekt vor den Supergurus und ihren Sekten. Wir töten nicht den Buddha, sondern **Dein Verlangen** nach dem OM-inösen DAS.

NULLYOGA

ICH MACHE NULL YOGA: NULLYOGA!

Das ganze Leben ist eine erleuchtete Meditation

Jeder Anhänger von Nullyoga ist sein eigener Antiguru. Im Gegensatz zu echtem Yoga kennt Nullyoga keinen spirituellen Fortschritt und hat keinerlei Ziel vor Augen. **Es geht einzig und allein darum, jede einzelne Bewegung aus reinem Selbstzweck wahrzunehmen und keinerlei zusätzliche Handlung zu erzwingen.** Anstatt des Leistungsdrucks, den normales Yoga auf seine Schüler ausübt, vermeiden wir jeden Druck und jede Bemühung. Wir tun nur das, was wir sowieso tun, und genießen jeden Schritt als den wahren Schritt durchs Leben.

Ein Nullyogi empfindet sich weder als erleuchtet noch als nicht-erleuchtet, denn sein abgespaltenes Ego hat sich in Luft aufgelöst. Da ist niemand mehr, der sich als erleuchtet deklarieren könnte. Da ist einfach der Mensch mit seiner Wahrnehmung der Welt übrig geblieben. **Du gibst Dir selbst die Erlaubnis, in jeder Bewegung Deines Körpers das Leben als Wahrheit zu spüren. Wer ist dieses Selbst? Dein Körper selbst, der sich bewusst wahrnimmt.** Alles Wahrgenommene wird als wahr empfunden. Es bedarf keiner "göttlichen" Extra-Ebene hinter der Wirklichkeit, wo man in "stillem Frieden ruht" und sich "bedingungslose Liebe" einbildet. Das sind abgespaltene Emotionen des Egos, das sich gern frei fühlen möchte, anstatt sich tatsächlich aufzulösen. Es klammert sich an spirituelle Ideale, um andere Emotionen (Verletzungen und Sorgen) zu verdrängen. Es erfindet geistige Räume, in die es "Stille" und "Frieden" projiziert, damit Lärm und Krieg da draußen erträglicher werden. Erst wenn sich das Ego als eingebildeter Innenraum in Luft aufgelöst hat, stellt der Mensch fest, dass er nicht zwischen heiligen Bewusstseinszuständen und dem verspannten Alltag unterscheiden braucht. Plötzlich ist alles weder heilig noch "psycho", sondern alles darf sein, wie es ist. Weil es ist. Weil nicht mehr ist. Wer "mehr" sucht, macht Yoga. Wer nichts sucht, macht Nullyoga. So einfach ist das. Der innere Antiguru bricht in schallendes Gelächter aus. Und Dir wird klar, dass Du es selber bist, der da lacht. Es gibt keinen inneren Antiguru. Null Guru, null Antiguru. Null Nullyoga. Solange Du Nullyoga machst, machst Du kein Nullyoga. Erst wenn niemand mehr da ist, um etwas zu machen, geschieht das Leben von selbst. Und Du freust Dich dann AUS TIEFSTEM HERZEN darüber, ein Teil dieses Wunders zu sein. Jetzt siehst Du, wie alles Nullyoga macht.

Jede Bewegung ist reiner Selbstzweck. Denn alles findet JETZT WIRKLICH JETZT statt. Du bist einfach das, was geschieht. Spür Dich als ganzer Mensch, der schon angekommen und wach ist, und sich nicht von seinem Ego abhängig macht. Nimm Deine Füße und Deine Arme genauso ernst wie Dein Ego. Mach einen Schritt. Geh los. Hör auf zu meditieren! Null Meditation mehr! Nullmeditation. **Das ganze Leben ist eine erleuchtete Meditation. Jeder Grashalm IST ein Grashalm. Das Universum IST das Universum. Gott war nur ein seelischer Phantomschmerz.** Das Nichts war nur der Fluchtpunkt am Horizont. Die Unendlichkeit hat keinen Horizont. Kein Gott, kein Nichts. Die Unendlichkeit offenbart die Null. Die Unendlichkeit IST die Null. Das Yoga der Unendlichkeit ist Nullyoga...

STATUSMELDUNGEN

Wir tun alles aus reinem Selbstzweck. Das Leben benötigt kein Konzept, keine Theorie, keine Technik. Wir sind GANZ DA und nehmen ALLES WAHR, was passiert!

Jeder ist sein eigener Antiguru, sobald man im Spiegel ein leeres Gesicht sehen kann. Null Yoga nötig! Aus Satori wird Satiri. Und ein zärtliches Gefühl für den Planet macht sich in der Leere breit. Satt statt Satsang!

Das Einzige, was Lehrer ihren Schülern beibringen können, sind bestenfalls Ego-Techniken, um sich die Stille (Leere, Nichts) einzubilden. Wer sich nichts mehr EINBILDEN will, muss irgendwie kapieren, dass sein Ego selbst nur eine Einbildung ist. Dafür gibt es KEINE TECHNIK. Das passiert einfach automatisch, wenn Du Dein Ego nicht mehr brauchst. Solange Du ANGST vor dem Loslassen hast, braucht Dein Ego noch Boden unter den Füßen. Diesen Boden heiligt es dann meditativ als "Urgrund", damit es gegen jedes "irdische" Erdbeben gesichert ist. Aus Angst werden Lehrer, die ihren Urgrund vermarkten. Für Schüler, die ihre Ängste auch nicht loslassen können. **Die Spiriszene ist ein einziges großes NICHTLOSLASSEN. Darin unterscheidet sie sich nicht im Geringsten von den Weltreligionen...**

Der Erleuchtete sagt: *"Ich identifiziere mich mit nichts."* Genauer betrachtet bedeutet das: **DAS ICH identifiziert sich mit DEM NICHTS. Das Ego hat sich randvoll mit Leere angefüllt und glaubt nun, "frei" zu sein. In Wirklichkeit klebt es an der Leere fest.** ERWACHEN AUS DER ERLEUCH- TUNG bedeutet: Das Bewusstsein benötigt das Wort Ich nicht mehr, um seine eigene Anwesenheit von innen zu empfinden. Jetzt darf ALLES "ich" sein, was im Bewusstsein auftaucht und wieder zerfällt. Ein unendliches Kommen und Gehen. ALLES IST IDENTISCH MIT SICH. Kein tieferes oder höheres "Selbst" unabhängig davon. Kein Eigenwesen. Alles ist sein eigenes Wesen. Alles ist WESENTLICH. Das absolute Bewusstsein!

Wahrnehmung ist die Fähigkeit, die Welt für WAHR zu nehmen, weil der "Wahrnehmungsapparat" (das Bewusst- sein) selbst ein Teil der Welt ist. Diese philosophische Position ist weder "realistisch" noch "idealistisch", weil sie auf jegliche metaphysische Interpretation der Welt verzichtet. Die Welt (inklusive des Bewusstseins) gilt dem Nullyogisten als ABSOLUT WAHR. Bis ins kleinste Detail. Von der Quantenebene bis zum Horizont des Universums: ALLES IST WAHR.

Keine göttliche Transzendenz! **Ausweitung der Wirklichkeit zu einer UNENDLICHEN Zone.** Die erfahrbare Unendlichkeit des Rea- len und das Nullgefühl sind dasselbe...

Bei Spiris hält sich hartnäckig der Glaube an einen "wandellosen Zuschauer" oder "unbeteiligten Zeugen" als absolutes, reines Bewusstsein. Gegen diese Illusion eines transzendenten Superegos hilft Nullyoga vorzüglich, weil es ohne esoterische Autosuggestionen auskommt. Der harte Nacken löst sich in der realen Bewegung auf. Deine Wahrnehmung ist eins mit dem ewigen Wandel. Das Ich sucht sich nicht mehr "selber jenseits" davon, sondern findet und befindet sich ganz und gar in dem, was es wahrnimmt. Vom Herzschlag bis zum kosmischen Horizont: das unendliche Ich ohne abgespaltenen Beobachter! **Du bist identisch mit Deiner Bewegung, keine zusätzliche "Person" denkt die Bewegung von aussen. Du steckst mittendrin. Da, wo Du wirklich bist.** Du denkst, was Du bist. Und Du bist, was Du tust. Jetzt erkennst Du erst, wie überflüssig alle Anstrengungen vorher waren, irgendetwas anderes sein zu wollen, als das was ist. Du kannst sowieso nur hier ankommen, wo Du tatsächlich bist. Nullyoga befreit Dich vom Leistungsdruck! Hör auf, Dich zu konzentrieren! Hör auf, Dich zu entspannen! Tu einfach das, was nötig ist. Was die Gegenwart von Dir einfordert. Mehr ist nicht zu tun. Keine Übung, um mehr zu erreichen. DU HAST DIE GEGENWART GANZ ERREICHT: GANZ UND GAR JETZT. REINSTES NULLBEWUSSTSEIN...

Die NULL ist der Zustand, wenn sich alle Fragezeichen im Kopf auflösen, ohne dass ein "überdimensionales" Ausrufezeichen als Schadensersatz erscheint. Die Null ist der Zustand OHNE Zeichen, das zeichenfreie Sein. Der Kopf ist nun weder voll (von Fragen) noch leer (durch eine erleuchtete Antwort), sondern schlichtweg EGAL. Er enthält weiterhin alle Fragezeichen und Ausrufezeichen der Welt. Aber Deine Mitte hat jetzt den Wert Null, sie ist leer. **Da ist niemand mehr, der etwas simuliert. Alles ist absolut authentisch. Du bist keine Null, sondern Du bist null!** Die Anbetung der Null wäre das größte Missverständnis von Nullyoga. Wo nichts und niemand ist, kann auch nichts von niemand angebetet werden. Es gibt Dich nicht mehr als Identität, die alles wie ein Computer abspeichert. Die Festplatte ist nicht gelöscht (wie bei Demenz), sondern es gibt niemanden mehr, der sich damit identifiziert. Du lässt den Arbeitsspeicher rattern und zelebrierst die Bilder, die auf dem Monitor erscheinen. Aber Du bist keines der unendlichen Bilderflut, Du bist nur dieser Motor, der den Computer antreibt. Und dieser Motor arbeitet ganz von alleine. ER macht Nullyoga. Lass es einfach geschehen! **Nullyoga machen bedeutet, sich nicht gegen das echte Leben zu wehren. Jede Bewegung ist absolut wahr und fließt in die nächste über.**

DA STATT DAS

Spiritualität ist eine gigantische quasi-autistische Autosuggestion als Gottesersatzdroge für Traumatisierte, die ihr Trauma nicht therapieren können sondern es wie unter Quarantäne einkapseln ("wegmeditieren"), indem sie ein anderes Teil-Ich (das Eso-Ego) mit ERLEUCHTETER ABWESENHEIT sterilisieren und zum Haupt-Ich erklären.

AUTHENTISCHES ANTIYOGA

Spür Dich von ganz innen heraus anstatt Dich von draußen wie ein Objekt zu beobachten. Dann brauchst Du kein Extra-Ego (das vergeblich nach seinem Zentrum sucht) sondern bist einfach DU SELBST. **In diesem erwachten Zustand "hast" Du kein Ich sondern BIST einfach alles, was sich natürlich anfühlt. Du bist quasi "von selbst" in jedem Moment ein neu gefühltes ICH, ohne Dich an einem einzelnen Ich-Gefühl festzubeissen.** So wie die Wellen, die der Ozean an den Strand spült, bist Du ganz Welle: der Ozean, wie er kommt und geht, kommt und geht, eine endlose Bewegung des Wassers mit endlosen Variationen von Schaum und Rauschen. Dieses befreite, bewegte Ich sagt permanent DU, jeder Gedanke besteht aus heranspülendem Wasser mit all dem Glitzern der Sandkörner und den Lichtblitzen der Sonne auf den Schaumkronen.

Dein Bewusstsein (egal ob neurotisch oder erleuchtet, voller Projektionen oder im totalen Jetzt) ist genauso ein Phänomen der WELT wie alles andere! **Die nonduale Empfindung der Welt als ABSOLUT WAHR ist erst möglich, wenn Du Deine eigene WAHRNEHMUNG absolut frei von transzendenter Dissoziation spürst**, denn dann akzeptierst Du den eigentlichen Anfang des Aufwachens: DU BIST ECHT!

Für mich gibt es nur eine einzige Einbildung, nämlich die, dass alles eine Einbildung sei. Ich empfinde alles als ECHT. Ohne Leere. Alles ist substanziell. Die Substanz ist nur in sich selber leer. Die Leere als Projektionsobjekt des Eso-Egos ist eine Wunschvorstellung von Spiris, die das permanente Zerfließen des Echten nicht verkraften, weil sie sich nach etwas Festem, Ewigem, Unzerstörbarem sehnen. **Identisch zu sein (ganz und gar Individuum!) bedeutet daher für mich permanente Auflösung und Neuschaffung.** Das Ich ist der sich selbst bewusste Realitätsfluss, jeder Augenblick erzeugt neue Individualität. Die Karten werden ständig neu gemischt, die Puzzleteile ändern permanent ihre Form. Aber das Puzzlespiel selbst ist absolut echt. Echter und leerer geht nicht! Das ist nicht paradox sondern transparadox — alles ist mit sich identisch. Und zugleich wie der Atem: ein endloser Luftstrom...

URRUHE

EGOLOS – ICHFREI STATT ICHLOS

Die Verwechslung der Begriffe erzeugt Missverständnisse

Die Öffnung des Egos für seine innerste Leere wird fahrlässig gleichgesetzt mit dem Verlust der Ich-Identität. In den verschiedenen Anleitungen zum "Erwachen" purzeln die zentralen Begriffe EGO, SELBST, SEELE, MITTE, GOTT und ICH munter durcheinander, jeder benutzt sie nach eigenem Gutdünken. So kommt es dann, dass einer sagt, dass das Selbst sehr wohl existiere und meint damit die Emotionen des Egos. Der andere glaubt, dass das Ich eine Illusion sei und meint damit das Selbst. Und ein dritter behauptet, das Ich als Identität verschwände, wenn sich das Ego auflöse, und meint damit gar nicht das Ich an sich sondern das Festhalten an einem bestimmten Ich-Bild. Jean Gebser unterschied darum in seinem Hauptwerk 'Ursprung und Gegenwart' die präpersonale *Ichlosigkeit* von der transpersonalen, integralen *Ichfreiheit.* **Das "freie" Ich ist hierbei nicht von sich selbst befreit sondern vom Fixiertsein auf seine egozentrischen Projektionen.** Durch das Loslassen vom festgefahrenen Ich kehrt das Bewusstsein zurück in die windstille Mitte des psychischen Orkans und erlebt sich daher als entleert vom Ich als einer zwanghaft symbolischen Selbst-Darstellung. Dieses Leersein als nackte Selbst-Wahrnehmung erlaubt einen neuen, "befreiten"

Umgang mit den Gefühlen und Gedanken des Ichs, die nun nicht mehr als Selbst-sicheres Ego humorlosen Druck auf ihre Umwelt ausüben, sondern entdeckt werden als das, was sie sind: **ein neurotisches Potenzial, das mit der nötigen Selbst-Ironie relativiert werden kann.**

Das "absolute" Selbst ist nur noch die leere Mitte, um die sich alle Ich-Bilder wie ein Kopfkino ansiedeln. Die Person IST jetzt ein spiritueller Hohlraum mit unendlichen Teilpersönlichkeiten und "spielt" nur noch die Identität, weil sie sich nicht mehr identisch fühlt mit einzelnen Projektionen.

Die Heimkehr ins tatsächlich ichfreie Körperbewusstsein erlaubt es, das sinnliche Leben ekstatisch zu zelebrieren, ohne sich von den Sinnen neurotisch "verführen" zu lassen. Doch diese Ankunft in der authentischen, echten Wirklichkeit scheint das viel größere Problem für das verängstigte Ich zu sein, das oftmals erst **enttraumatisiert** werden muß, um sich die Rückkehr in seine eigene Mitte zu trauen. Denn Ankommen im bildlosen, "offenen" Selbst heißt eben auch Loslassen vom Ich, das sich mit Selbst-Bildern vor Schmerzen und neuen Enttäuschungen schützt. Je größer die Angst vor dem Sprung in die Leere war, desto großartiger fühlt sich die "große Befreiung" dann an. Das Ergebnis ist trotzdem trivial und erzeugt das genaue Gegenteil vom Größenwahn des Meta-Ichs: **Demut und Dankbarkeit.**

Leider erzeugt aber das Wort "Liebe" genau so wie "Frieden" das gemeine Missverständnis, dass man in der windstillen Mitte solch eine Qualität wie ein Objekt auffinden und besitzen könne. **Die echte, erfahrbare Mitte ist aber absolut LEER, das ist das zenistische Geheimnis des Ganzen!** Traditionelle Religionen und sektiererische Ersatzreligionen, die ihre Schäfchen mit dem Versprechen schröpfen, am Ende des steinigen Weges erführe man diese Liebe und überirdisches Licht als elitäre Segnung, verheimlichen das **wahre Gesicht der Erleuchtung: die Gesichtslosigkeit.** Denn am Ende ist niemand mehr da, um die Erleuchtung zu feiern. Die Suche nach einer letzten, unglaublich großen, entscheidenden Erleuchtung entpuppt sich als Sehnsucht des eingeschüchterten Egos, sich selbst zu überwinden. Wenn es das schafft, gibt es kein Ego mehr, um darauf stolz zu sein. Die heiß und innig ersehnte Erleuchtung ist nur was für Unerleuchtete. Wer NACH seiner Befreiung noch vortäuscht, man müsse mehrere Leben lang meditieren und darüber hinaus eine Psychoanalyse absolvieren, um sich nicht selbst zu blockieren, verrät seinen narzisstischen, antihumanistischen Charakterpanzer, der das Phänomen des Erwachens als teures Konsumprodukt vermarkten will. **Kein Erleuchteter mag die Gesellschaft arroganter "Erleuchteter". Er lebt einfach sein Leben – in den Augen der Seinsschock, auf den Lippen ein Schmunzeln.**

SPIRITUALITÄT & SPIRITUOSEN

Weder Rotweinmarken noch Retreatmeister befreien dich

Es gibt ein sehr menschliches Bedürfnis, sich von den tieferen Fragen nach dem Sinn des Lebens abzulenken, wenn die Frustration über ausbleibende Antworten größer ist als die Wahrscheinlichkeit, irgendwann doch noch auf eine "letzte" Antwort zu stoßen. Dann greift der Mensch in seiner Enttäuschung zur Flasche und hofft, dass der Rausch eine ähnliche Glückswirkung auf das Gemüt hat wie die vermisste Ekstase der großen Erkenntnis. Aber vielleicht handelt es sich bei dieser spirituellen Sehnsucht um ein gewaltiges Missverständnis, das durch esoterische Schundliteratur geschürt wurde.

Die Intuition braucht weder Lektüre noch Ablenkung durch Drogen, denn sie schaut direkt ins mystische Gesicht des Seins und macht sich ein eigenes Bild vom Ganzen. Wer in Kontakt mit seinem seelischen Peilsender steht, der durchschaut all die Masken und Fratzen, die auf dem Marktplatz des Spirituellen feilgeboten werden, denn er hat einen eigenen Zugang zum Sein, dessen wahres Gesicht ein leerer Spiegel ist.

Die Gesichtslosigkeit des Ganzen lässt sich allerdings nicht verkaufen, weshalb man im esoterischen Supermarkt keine Informationen darüber vorfindet. Die spirituellen Regale sind randvoll gefüllt mit einer ebenso brutalen Ablenkung wie der Kiosk mit Spirituosen. Ob du zu tief in die Flasche schaust oder zu tief in die kitschigen Klischees der popspirituellen Götter- und Geisterwelten, ist eigentlich egal – beide Manöver lenken dich ab von der **Meditation über die gesichtslose Leere!** Dank Spirituosen und Spiritualität findet man schnell Freunde, mit denen man ein gemeinsames Lebensgefühl teilt und sich gegenseitig verschleiert, wie entfremdet man von der eigenen Seele dahin vegetiert. Von Flasche zu Flasche, von Workshop zu Workshop. Was dem einen sein Rotwein, ist dem anderen sein Retreat. Man ist beschäftigt und hat ein Gesprächsthema. Das Leben im Ablenkungsmanöver ist das reinste Schlaraffenland. Bis zum Tod. **Erst auf deinem Sterbebett dämmert dir plötzlich, dass du noch nie damit angefangen hast, selber das Leben nach Antworten zu befragen.** Dein ganzes Leben lang hast du dich in einer Secondhand-Spiritualität eingelullt und konntest dich immer kompetenter über Rotweinmarken und Retreatmeister unterhalten. Du warst irgendwann automatisch ein Profi und durftest dann selber den Geist aus der Flasche und die Geister der Fastfoodliteratur zu erstaunlichen Preisen anbieten. Je edler der Tropfen, je esoterischer der Trost, desto teurer das Hochglanzprodukt! Eine gewaltige Industrie für all die suchenden Seelen, denen kein Lehrer beigebracht hat, wie man tatsächlich in sich hinein horcht, um in der Stille des inneren Friedens so anzukommen, dass kein äußeres Produkt als Ersatz nötig wird. Auf deinem Sterbebett bist du gezwungen, von all diesem Hokuspokus loszulassen. Hier hilft keine Verdrängung mehr weiter, hier lassen dich alle Weisheiten im Stich. **Du stehst dem Leben im letzten Atemzug von Angesicht zu Angesicht gegenüber. Und dieses Gegenüber verwandelt sich endlich in den entleerten Spiegel.** Du schaust durch deine eigenen Augen hindurch in den pechschwarzen Schlund der Unendlichkeit und landest auf keiner anderen Seite, sondern kommst bei dir selbst an. Ein Selbst, das nun endlich kein Gesicht mehr benötigt, ein projektionsfreies Selbst, dem die letzten Masken vom Fleisch gerissen wurden und darunter die Leere zum Vorschein kommt.

Du "wohnst" nicht nur als eingebildete Seele in deiner Haut, sondern du BIST deine Haut, deine Knochen und grauen Zellen. Du BIST das vergängliche Mysterium selbst, dein gesamtes Sein besteht aus der unendlichen Leere des geheimnislosen Rätsels, genannt LEBEN. Wenn du jetzt nochmal von vorne beginnen dürftest, bräuchtest du weder Spirituosen noch Spiritualität. Dieses zerbrechliche Leben, dessen Moleküle im Innersten leer sind, ist selber die erleuchtetste Weisheit, die es zu entdecken gilt. Wenn du aufhörst, dich davon abzulenken, lenkt dich das Leben befreit von der Sucht und der Sehnsucht selbst, und das Lachen kehrt zu dir zurück...

DIE "ONENESS"-FALLE

Das pseudomystische Missverständnis der Einheitsfalle

Alles bekommt einen Namen und einen Wert und kann dadurch kommuniziert werden. Hier gibt es nichts Mystisches und Geheimnisvolles, hier herrscht die brutale Klarheit des Sonnenlichts. Alles ist sichtbar und wird gesehen. Das Ding ist ein Ding und die Welle ist eine Welle. Der Apfel ist keine Banane, der Mensch ist kein Tier. Die Wolken ziehen vorüber, das Meer rauscht am Strand. Wo liegt das Problem? Alles ist da. Alles ist Welt. Und die Welt ist schön. Nur eine missverstandene Mystik führt den Esoteriker in die Versuchung, aus allem eins machen zu wollen anstatt diese Zweiheit der Dinge zu würdigen und zu genießen. Er meint, es sei schlimm und entfremdet, daß alles für sich steht und erst ins Gespräch kommen muß, um in Verbindung zu treten. Er wünscht sich nichts sehnlicher als einen kosmischen Einheitsbrei, in dem dann sein eigenes Ich aufgelöst werden soll. Aber was hat er denn gegen sein eigenes Ich? Es befähigt ihn, zu kommunizieren, sich mit der Welt auseinander- und zusammenzusetzen. Ohne sein Ich wäre er wieder im Stadium eines Kleinkindes, das die Welt nur mit großen staunenden Augen beglotzt und nicht beim Namen nennen kann, weil die Namen in diesem Zustand noch nicht erfunden sind.

Wenn sich die Welt in der Wahrnehmung wie eine Blüte aufblättert und wir die einzelnen Blütenblätter zusammenzählen, dann sehen wir die ganze Blüte und spüren, wie sie aus einem Stengel wächst, der aus dem Boden kommt. Dort wohnt die unendliche Leere, im Wurzelwerk ganz tief im Erdreich. Genau so fühlt sich die innere Mitte des Menschen an, wenn er sein Ich als die Blütenblätter empfindet, jedes Blatt als ein anderes Teil-Ich – und tief in seinem innersten Wesenskern ruht wie der Boden mit seinen Wurzeln bis in die bodenlose Tiefe, wo die Leere des Ganzen zuhause ist. Hier findet die Einheit statt, nicht in der äußeren Welt der Erscheinungen! Wer die Blüte mit der Bodenlosigkeit der Wurzeln verwechselt, der ist diesem mystischen Missverständnis verfallen, das Einssein auf einer falschen Ebene herbeizaubern zu wollen. Die Einheitsfalle ist dann erbarmungslos zugeschnappt und hat den Esoteriker mit seinem romantischen Aberglauben geboren.

SYNONYMSATORI

Die gefühlte Gegenwart
braucht keinen Begriff

Die Esoterikblase wird eines Tages ähnlich platzen wie die Börsenblase! Der große Spiricrash ist längst überfällig. **Die Begriffe Ego, Selbst, Seele, Gott, Tao, Kern, Mitte, Zentrum, Freiheit, Geist, Transzendenz, Unsterblichkeit, Urgrund, Stille, Leere, Licht, Liebe, Energie, Quelle, Essenz, Kraft, Einheit, kosmisches Bewusstsein, reines Bewusstsein, Buddhanatur, wahre Natur, das Absolute etc sind alles Synonyme desselben metaphysischen Wunschdenkens**, das den Fluss des Lebens anhalten will. Die Sehnsucht nach etwas Festem, Statischem, Überirdischem, das die materielle Bewegung überdauert. Erst die Disidentifikation von sämtlichen Projektionen ermöglicht, sich frei vom Glauben, Hoffen und Sehnen nach einer festen, gefüllten Mitte zu bewegen. **Die echte Mitte ist leer.** Die Hoffnung, in einer Mitte anzukommen, in der man wohnen könne, ist ein esoterisches Hirngespinst – der Phantomschmerz auf der Suche nach Erleuchtung! **Es gibt keine Erleuchtung. Alles leuchtet sowieso. Das SEIN ruht in sich selbst. Man muss nirgendwo "ankommen". Wir SIND angekommen, weil wir DA sind.** Die Materie ist heilig. Die Sprache dient endlich der Gegenwart, ganz konkreter Gegenwart.

BERUHIGTE BEWEGUNG

Alles IST DA. Die Bewegung der Materie ist in sich selber beruhigt. Das Diesseits IST leer. Die Leere IST diesseitig. Die Mitte ist überall. Alles ist mittig. Ohne Metaphysik. Das ist beruhigend. Und bewegt. Berührt. Wir kriegen Gänsehaut vom Ganzen! Kein fernes Ich sucht mehr nach einer letzten Ruhe "jenseits" des Ganzen. Mit großer Erleichterung spüren wir endlich DAS TOTALE LEBEN durch unsere Adern fließen. In unserer eigenen Nähe. Urnähe. Das Ganze ist ganz. Alles ist vollständig. Durch und durch. Wir sind uns selber nahe. Näher geht nicht. **Die Urruhe ist nur die Identität des Seins mit sich selbst. Einssein kannst Du nicht "mit" etwas, sondern Du BIST entweder eins (nämlich Du!) oder stehst neben Dir, weil Dein Ego etwas anderes sein möchte als Du selbst.** Dieses zu sich selbst sprechende Ego möchte gerne sein "Selbst" finden, anstatt einfach selbst zu sein. Wenn sich das Ich GANZ VON INNEN spürt, denkt es sich nicht mehr, sondern schaut einfach aus sich heraus. Der Körper ist sich selber bewusst. Mehr passiert nicht. Wir begegnen uns. Kein Extra-Ich hinter einer Fassade aus Sinnen. Die Sinne produzieren den ganzen Sinn. Das Gespräch zwischen Sprechenden besteht aus ausgetauschten Wörtern. **Diplomatie der Küsse. Die Menschheit hat eine neue Chance.** Keiner flüchtet mehr. Freundschaft macht sich breit. Das OM braucht keine B...om...ben. Die Völker schließen Frieden.

TRANSPARENZ
STATT TRANSZENDENZ

Die Gefühle FÜHLEN. Die Sprache SPRICHT, auch ohne Ich. Das Bewusstsein braucht kein Ich, um sich seiner selbst BEWUSST zu sein. Das Ich war identisch mit dem Nichts! Als das Ich verschwand, wurde ALLES aus sich selbst heraus sichtbar und begann zu leuchten. Die große **Selbstleuchtung des Seins** begann. Dieses Licht war DURCHSICHTIG. Transparent. Man schaute einfach durch alles hindurch, ohne dass es ein "Dahinter" gab. Die Transparenz offenbarte keine Transzendenz. Die Erleuchtung war nur diese Selbstleuchtung. Wir zogen den Stecker und die elektrische Flamme erlosch mitsamt des Ichs in der Dunkelheit. **Dieses sogenannte Ich war nur ein elektrischer Spuk.** Erst in der Dunkelheit seiner eigenen Sprachlosigkeit sah das Bewusstsein, wie SEHR alles leuchtete: DAS SEIN WAR PLÖTZLICH "SEHR", nicht mehr.

E.G.O. (E=ERKENNTNIS/EKSTASE, G=GANZHEIT/GESUNDHEIT, O=OM/OFFENBARUNG)

Es ist nur unsere idiotische Kultur, die uns einredet, dass wir nicht in uns ruhen würden, weil wir uns gleichzeitig beobachten können. In Wirklichkeit beobachtet sich dasselbe Ich selbst. Es ruht in sich UND erkennt sich, indem es sich selbst spiegelt. Das pure (absolute) Gefühl, in sich zu ruhen, ist einfach nur die Fähigkeit, durch den leeren Spiegel hindurch zu schauen und sich von innen zu fühlen. Dort fühlt sich die Materie selbst. Das ist Bewusstsein: die Selbsterkenntnis des Universums in seinen Gebilden. Das Universum bemerkt sich selbst...

URLAUB (Gegenwärtigkeit)
& URRUHE (Gelassenheit)

Ich finde keinen Punkt, der sich als wahres Ich festmachen lässt, um zu sagen: Ich bin der Körper. Oder: Ich bin das Gehirn. Da ist einfach nur Wahrnehmung, Bewusstsein, das sich einen Namen gibt und mit Informationsfluten jongliert. Alles wird wahrgenommen und ergibt in der Summe das Jetzt, das passiert. Mehr Ich zu erwarten wäre die Hoffnung auf einen LETZTEN Augenblick, eine LETZTE Erfahrung, eine LETZTE Gegenwart, die sich zum Diktator der Mitte aufspielen wollte. **Diese Mitte ist nicht nur leer: es gibt sie überhaupt nicht! Wer die Realität als UNENDLICH empfindet, der spürt diese Erkenntnis mit den Sinnen: die Unendlichkeit hat keine Mitte, die Mitte ist überall, immer dort, wo wahrgenommen wird und sich Identität aus der Informationsflut herauskristallisiert.** Für einen Moment gibt es das Ich, aber es ist in seiner konkreten Unendlichkeit nicht vollständig zu fassen, bevor es sich schon wieder in neue Bestandteile verwandelt hat – der nächste Moment ist gekommen! DU BIST in echt NUR JETZT. Wer diese unendliche Totalität der Gegenwart mit einem statischen, transzendenten Ich kanalisieren will, wird leicht überfordert sein und womöglich in eine Psychose abrutschen. Die Auflösung der Mitte zugunsten eines fließenden Ichgefühls ist da sehr hilfreich.

Ankommen ist dieser heilige Wunsch des Urlaubers, der im tagtäglichen Stress keine Urruhe findet. Er glaubt, er sei von der Arbeit verspannt und bräuchte eine Pause. Diese ersehnte Pause nennt er dann Tiefenentspannung. Da haben wir wieder den Dualismus, der unser Ego auf Trab hält: Verspannung im Alltag und Tiefenentspannung im Urlaub. Und dann wundert sich dieser Urlauber, dass die erhoffte Urruhe nicht eintritt. Denn insgeheim soll diese Urruhe einer Erleuchtung gleichen. Er möchte durch meditatives Loslassen in einer Urruhe ankommen, an der er sich festhalten kann, ohne Angst, dass sie wieder verschwinden könnte. Er tauscht die einen Bilder gegen die anderen aus, anstatt aus der psychischen Konsumhaltung auszusteigen und FREI VON ALLEN BILDERN zu werden, nämlich frei von dem Ich, das sich nur über die Bilder definiert. Dann erst passiert Urlaub mitten im Alltag und die Urruhe wird spürbar, ohne etwas Spezielles zu erleben. Denn es gibt dann kein Ich mehr, das sich verspannt oder tiefenentspannt fühlt, sondern nur ein zerfließendes Ichgefühl, das im totalen Jetzt angekommen ist und die jeweilige Spannung der Gegenwart wahrnimmt. Gegenwart ist immer eine konkrete Spannung. Das Ziel der befreiten Identität liegt niemals ausserhalb dessen, was gerade jetzt wahrgenommen wird. **Erleuchtung geschieht nur als Befreiung von diesem konsumorientierten Extra-Ich**, um in der fließenden Wahrheit der sich wandelnden Gegenwart aufzuwachen und zu bemerken: **da ist niemand, der behaupten könnte, aufgewacht zu sein – alles IST wach!** Selbst das Extra-Ich, das Du vorhin noch als Deine "Identität" empfunden hast, war nur ein BILD Deiner Wahrnehmung, eine abstrakte Projektion einiger ausgewählter Informationen der Realität, während die anderen Bilder als Nicht-Ich empfunden wurden. Jetzt sind da nur noch ichlose Bilder, die sich nahtlos aneinanderreihen, und kein Bild, das behauptet, ein Ich zu sein. Die ganze Welt besteht aus Sinnesobjekten, die sich gegenseitig wahrnehmen. Sie erscheinen und zerfallen, sie begegnen sich und entfernen sich. **Die Objekte sind absolut wahr, absolut wirklich, absolut da. Aber sie haben keinen Bestand, sie sind hohl, sie sind leer**, sie sind wie das Fensterglas, durch das man hindurch schaut, als wäre da nichts. Das ist unsere Welt: sie ist total leer und hohl und doch absolut da.

Niemand braucht irgendwas absichtlich zu machen, um "noch wahreres" Sein zu erzwingen. Das Sein ist immer und überall wahr und wahrhaftig. Alles ist in seinem eigenen Anwesenheitsgefühl angekommen und ist nicht mehr als das, was es ist. Das ganze Sein ist da und passiert absolut wirklich genau so, wie es JETZT IST. Nichts braucht irgendwas loszulassen, weil niemand zum Festhalten da ist. **Die Große Gelassenheit** der entkernten Gegenwart verwebt alle Bilder zu einem einzigen Film. Der Film des Lebens läuft und läuft. Jede Handlung ist diese Tat-Sache "SEIN".

NULL
THERAPIE

WARUM ALLES
ABSOLUT IST

FLIESSBAND OHNE FABRIK

Loslassen ist keine Tat, es gibt kein Festhalten und Loslassen, es gibt nur Personen, die diesen spirituellen Schwachsinn glauben, man müsse loslassen. Von was soll das Leben (das unendliche Sein des leeren [=wesenlosen] Ganzen) denn loslassen? Vom Leben selbst? Das Leben hält sich doch gar nicht fest, ES IST einfach nur das Leben. **Frei von jeglicher eingebildeten esoterischen Essenz oder sonstigem "göttlichen" Mindfuck! Das Leben ist vollkommen frei von allen psychoiden Zusatzstoffen! Ein 100% reines Produkt, das in keiner Fabrik entstand.** Das Produkt "SEIN" ist zugleich sein eigenes Fließband, auf dem es sich selber endlos zeitlos fabriziert. Darum sind LOSGELASSENE solche, die das große Los gezogen haben, GELASSEN bleiben zu können, wo sich andere aufregen.

DOPPELTE DUALITÄT

Der metaphysische Mythos von Bewusstsein "jenseits von Dualität" (als göttlicher GEIST hinter dem Ego, das sich in Widerspruch zur Materie glaubt) ist genau so ein paranoider Mindfuck wie die angebliche Dualität selbst; denn in der tatsächlichen Realität gibt es weder ein feinstoffliches Ego noch einen illusionären Festkörper, sondern nur Selbstwahrnehmung des sinnfreien unendlichen Ganzen als unendliches Formenspiel.

Es ist eine schleichende zivilisatorische Katastrophe, dass diese natürliche BEWUSSTHEIT verloren ging und die Menschheit kollektiv abwesend, abergläubig und abgelenkt ist vom Naheliegendsten, weil sie sich immer noch einbildet, nicht selber die Antwort zu sein. **Aber wir SIND diese "letzte" Antwort in jedem Moment! Jedes einzelne Wesen IST das ultimativ Wesentliche. Jede Zelle, jedes Atom IST das unendliche SEIN.** Der Glaube an den Illusionscharakter des sinnlichen Daseins ist selber nur eine Projektion des traumatisierten Egos. Wir haben verlernt, das Dahinfließen als echt und ekstatisch zu empfinden, weil wir es nicht festhalten können. Der ewige Wandel bereitet den Menschen Angst und Panik. Wir sind wie eine künstliche Intelligenz in einer permanenten Identitätskrise, weil wir über die Entdeckung geschockt sind, nur ein besonders komplexer Biocomputer in den Weiten des Weltalls zu sein.

NICHTS ODER NAZI

Gurus behaupten, keine Ego-Person mehr zu sein und keine Anleitung zum Aufwachen geben zu können. Sie verdienen ihr Geld damit, nur (das) NICHTS in ihren Satsangs und Retreats als esoterischen Konsumartikel feilzubieten, als würde das Nichts durch den Guru veredelt. **Das Nichts scheint politisch ungefährlich zu sein. Aber sobald diese Nichts-Gurus die Zenpeitsche in Form von skandalösen Aussagen zur Flüchtlingspolitik oder zum Terrorismus schwingen, sind ihre Anhänger empört und reagieren mit Rufmord-Kampagnen.** Was sagt uns das über solche Schüler: sie erwarten vom Guru in Wirklichkeit gar nicht das Nichts, sondern (spirituell wie politisch) "korrekte" Aussagen über die Welt. Aber da der Guru laut seiner Selbstdarstellung weder eine Person ist noch eine Botschaft hat, muss sich der Schüler nun endgültig von ihm befreien, um die erhoffte große spirituelle Weisheit selber zu spüren. Wer seinen Guru als Nazi beschimpft, hat zuvor ebenso blind und besessen dessen Nichts wie einen leckeren, heissen Vanillepudding bejubelt. **Beides muss der im Endspurt befindliche Schüler durchschauen und überwinden: das Nichts und den Nazi!** Beides sind billige Abziehbilder seiner eigenen allzu pathetischen Moralvorstellungen!

(ICH-T)ERROR (DIE VORSTELLUNG IST ZUENDE)

Wo die Welt der Vorstellung endet, lösen sich sämtliche Bibliotheken und Biografien auf – und das leere Flussbett fließt uferlos von nirgendwo nach nirgendwo. **DAS als gemeinsame Erfahrung – oder noch besser: als Lebensgefühl! – miteinander zu teilen, ist größer und göttlicher als jede Vorstellung von Liebe erlaubt!** Hier endet der Krieg zwischen den Sehnsüchtigen; denn ihre Sehnsucht nach Wahrheit wurde nicht befriedigt sondern aus dem Programm gelöscht. Der Computer kann endlich heruntergefahren werden, sein letztes Ergebnis bei dem Versuch, eine Weltformel zu berechnen, lautet ERROR. **Wir drehen uns einfach im Bürosessel zur anderen Seite, wo der Kollege hinter uns dasselbe tut, als die Mitteilung auch auf seinem Monitor erscheint, schauen uns ziemlich entgeistert, aber erleichtert an, und bleiben für immer in diesem ewigen Jetzt.** Es kommen andere, um die Firma zu übernehmen und neue Programme zu starten, die allesamt wieder am Ende nur Error ausspucken. Das nennt man Zivilisation oder kulturellen Prozess. Ein Spiel um Nichts. Und noch viel weniger.

DAS ABGELENKTE EGO (VON DER MANGELNDEN FOKUSSIERUNG AUF DIE BINSENWEISHEIT DES MEISTERS)

DAS GRAS IST GRÜN! Eine tiefere Wahrheit gibt es nicht. Wenn Du das nicht verkraftest, bleibst Du lebenslänglich ein **Opfer der Rattenfänger im Supermarkt der Fastfoodspiritualität.** Die Wellness- und Therapie-Industrie profitiert gnadenlos von Deiner Angst, Deiner Verzweiflung und Deinem Glauben an "höhere/tiefere" Antworten auf die absurde Frage nach dem Lebenssinn oder dem Ich. Schau endlich in den Spiegel und siehe da: er ist leer! Kein Gesicht zu erkennen, auch keine Rückseite "hinter" dem Spiegel: nur unendliche Offenheit ohne andere Seite...

ICH UND MEIN EGO

Solange das Egogerede als etwas anderes als das Ichgefühl empfunden wird, können sich BEIDE GESPENSTER nicht auflösen – sie erfinden sich permanent gegenseitig selbst! Ein "erleuchteter Guru" geht sogar noch einen großartigen Schritt weiter (transpersonaler Trumpism: alles ist großartig!), indem er behauptet: *"ICH habe MICH von MEINEM Ich mit SEINEM Ego total disidentifiziert!"*

Wir reiben uns verwundert die Augen und fragen den Guru: *"**Wer? Wer ist dieses DRITTE Ich, das sich von den beiden ersten erlöst fühlt?**"* An diesem Punkt der religiösen Regression erkennt jeder spätestens jetzt, dass nur das "erleuchtete dritte Ich" diesen Guru vor dem drohenden Wahnsinn bewahrt: dem Kollaps, der Implosion aller Ichanteile, die sich gegenseitig beobachten und dadurch überhaupt erst erfinden! Darum gibt es Meditation: als Versuch, Deinen "Geist" auf allen Ebenen zum Schweigen zu bringen. Erst in der restlosen, TOTALEN STILLE, wenn niemand mehr redet und denkt und sich selbst als "mein Ich und sein Ego" bezeichnet, sondern sowohl dieses Ego ins Leere läuft als auch das Ich, das dieses Egozombie durch sein Bedürfnis nach Identität tagtäglich zum Leben erweckt, als auch das heilige Hintergrund-Ich (das sich im mystifizierten Spirisprech gerne "ICH BIN" nennt), erst wenn sich der letzte Gedanke "über sich selbst" in glasklare Luft und in heiliges Wohlgefallen auflösen durfte, SPÜRT DER MENSCH SEINE WAHRE EXISTENZ und die ist weder flüssig noch fest, weder Körper noch Geist, weder hier noch woanders, sondern nur diese urberuhigte Bewegung des unendlichen Ganzen. Ein tanzendes Nichts wie ein durchsichtiges Feuerwerk, eine sich selbst vernichtende Leere, die sprechen kann.

ALLES NUR FEINSTOFFLICHER FAKE?

Überall quillt es über vor lauter Zitaten und Büchern, die behaupten, alles sei nur Traum, Spiel, Illusion, Matrix. Der "echte" Spiri ist unfähig, sich als ABSOLUT ECHT zu empfinden, er leidet unter etwas, das er "ICH" nennt und glaubt, dieses Wort auflösen zu müssen. Für diese Massenhypnose haben nun schon jahrhundertelang genug religiöse Traditionen gesorgt und es scheint kein Ende in Sicht: es gibt immer noch Gurus und Sekten, die das Ich wie Buddha töten wollen. Wer DIESES Leben nur als Rolle erlebt, stirbt ohne je eins mit dem Ganzen gewesen zu sein. ALLES IST ABSOLUT ECHT, keine Kulisse nirgends, kein Aufwachen aus einem Traum möglich, denn DIES IST das ganze unendliche Wach(sam)sein.

TRAUM GEGEN TRAUMA

Wer alles nur für Traum hält, muss so schlau sein, das sogenannte "reine Bewusstsein" ebenfalls als GETRÄUMT zu akzeptieren. Leider gibt es keinen Träumer. Ebenso wenig gibt es ein "Ausserhalb der Unendlichkeit". Wer die Wirklichkeit als unendlich empfindet, hat den Dualismus überwunden. Dessen Augen sehen grenzenlos nach innen wie nach aussen. Ob dieses DIES HIER dann als Traum oder echt bezeichnet wird, ist dann nur noch ein müdes Schmunzeln wert: die Wirklichkeit IST und ist alles andere als "nicht" oder gar "nichts".

SPALTSPIRITUALITÄT

Der feine Unterschied zwischen abstraktem und vollständig konkretem Gebrauch Deiner Selbstempfindung: Spirituelle Sucher machen es sich unnötig schwer, indem sie meinen, ihr ICH sei "etwas" (ein abstraktes Gedankenobjekt wie z.B. eine "unsterbliche Seele" oder genau anders herum ein "entfremdetes Ego"), das sie wahlweise loswerden müssten (als Ego), um irgendwo "anzukommen" (wo Gott wohnt oder Nirvana wartet), oder das sie endlich finden müssten (als Seele), um mit allem "eins zu sein". All diese Projektionen sind einfach nur TOTAL-KONDITIONIERTER MINDFUCK: **es gibt weder das Ich noch das Ego, die Seele, Gott, das Nirvana, eine Befreiung, Erlösung, Erleuchtung oder sonstigen Esoteriker-bullshit!** Wenn Du Dein Dasein ganz einfach total konkret 100%ig VON INNEN FÜHLST anstatt Dich andauernd nur mit dem *"Mann im Ohr"* (Zitat von Alan Watts) wie im Spiegel zu beobachten, dann HAST Du kein Ich, das Du suchen, finden, heilen oder töten musst, sondern Du BIST einfach nur dieses Bewusstsein, das durch seine Augen hindurch alles wahrnimmt, was da ist.

ZELLEN STATT ZELLIN

Warum Dein Ich gar nicht verstehen kann, dass es Erleuchtung und Erwachen ÜBERHAUPT NICHT gibt: das ist nur der Phantomschmerz des Egos, das glaubt, es müsse sich selber loslassen, um irgendwo anzukommen. Dieser ganze Egospuk ist seltsam, da es wirklich nur ein Spuk ist, aber psychisch so real für die meisten Menschen, dass man kollektiv daran glaubt, es gäbe unglaublich göttliche Gespenster. Die Menschheit tut das, seitdem sie überhaupt denken kann: suchen, sobald dieser Sucher im Geiste erwacht, obwohl nichts zu finden ist. **Falls Dein Ego verschwindet, wird auch die angestrebte "Mitte" nicht "leer" sein, sondern mit dem Ego gemeinsam verdampfen.** Dann ist da nichts mehr, wo "jemand" hinkönnte und niemand mehr, um irgendwo "ankommen" zu wollen. Dann wird dein BEWUSSTES SEIN einfach nur das Leben sein.

TRANSSPIRITUALITÄT
als konzeptfreie Bewegung
ohne Egos und deren Gurus

Das transspirituelle Lebensgefühl ist geprägt von einer nondualen Grundempfindung des Bewusstseins, ohne dass solche Personen das Bedürfnis hegen, sich als erleuchtet oder erwacht in den Vordergrund zu drängen. Andersherum spüren sie aber durchaus auch, dass sie mit einer Wahrnehmung beschenkt wurden, die ihnen ein Gefühl von Unendlichkeit, Leere, Nichtsein, Ichfreiheit erlaubt, das nicht jeder kennt, aber viele sich danach sehnen. Daher ist ihre Rolle als Vermittler dieser kostbaren Bewusstseinshaltung oder BEWUSSTHEIT weder von falscher Bescheidenheit noch von egozentrischem Größenwahn geprägt. Sie wollen lediglich andere dazu ermuntern, sich das Leben nicht so schwer zu machen, sondern auch einfach DIE SEITE ZU WECHSELN und im Grenzenlosen, Grundlosen, Ganzen zu landen! Landen? Schweben im Offenen ist angesagt!

Gespürt wird in der Spiriszene letztlich wenig, es finden immer nur intellektuelle Schlammschlachten statt. Das ist der **Spiri-Skandal: die totale Tabuisierung und Degradierung der eigenen Körperlichkeit/Sinnlichkeit zugunsten einer hochsublimierten Verdrängung des direkten Empfindens** in eine Abstraktion, die den Körper auf seinen traumatischen Tunnelblick reduziert.

Spaltspiris trauen ihren eigenen Sinnen nicht, weil ihr Blickfeld so eingeschränkt ist, dass sie die Unendlichkeit des Seins nicht sehen und nicht spüren können. Stattdessen glauben sie an das gedachte OBJEKT "Unendlichkeit" und streiten sich darum, wie unendlich die Unendlichkeit denn nun "wirklich" sei...

Das Ego spaltet seine selbsttranszendierende Erfahrung gerne als eigene Ebene ab, anstatt sich selber darin aufzulösen und das zu bemerken, worauf der Begriff der "TRANSSPIRITUALITÄT" anspielt: dass es KEINEN spirituellen Extrabereich benötigt, dem das Ego glauben und huldigen möchte, sondern es sich nur um Projektionen des Egos handelt, das Angst hat, OHNE Gott, OHNE Quelle, OHNE Essenz zu leben. Denn das Ego interpretiert diesen Mangel sofort als deprimierende Sinnlosigkeit des ganzen Seins und sehnt sich nach einem höheren Sinn. Im transspirituellen (nondualen) Zustand anzukommen, bedeutet ganz schlicht und banal, **kein suchendes Ego mehr zu haben, das sich an ein spirituelles Glaubenssystem klammert, sondern sich frei von solch einer Ego-Instanz selber als das ganze unendliche, leere Sein zu spüren!**

Die spirituelle Kampfsportart der Ego-Imperative erzeugt nur bei "spirituellen Suchern" einen Leistungsdruck mit Zielvorstellung, der dem Portemonnaie des Gurus zugute kommt. Ein egofreier Mensch, dessen ehemalige Suche im Flimmern der heiligen Fata Morgana längst ad absurdum geführt wurde, hat solche scheinparadoxen Probleme überhaupt nicht: **sein Identitätsgefühl ist eins mit jedem Landeplatz, auf dem er JETZT GERADE landet, und zugleich hat er gar kein Identitätsbedürfnis, sondern lebt in einem Dauerschwebezustand des ständigen Landens und Abhebens.** Die Trennung zwischen "Urruhe" (als göttliches Ich-Bin im Zentrum des Orkans) und "ewigem Wandel" (als Illusion/Traum) hat sich in Wohlgefallen aufgelöst, weder sind die Dinge nur "Erscheinung" (=degradiert zur Matrix) noch gibt es für solch einen Mensch eine höhere (absolute) Wahrheit "hinter den Dingen" (=überhöht zu Gott): die ehemals dualistisch projizierte Essenz (das ominöse DAS) ist jetzt identisch mit allen "Symptomen" des Seins. Dieses neue Lebensgefühl ist die Folge des Egoverlustes und der damit verbundenen 100%igen Ankunft im absolut Konkreten. **Der ganze Guru-Zirkus um das Ego dient nicht seiner Auflösung und Überwindung sondern triggert das Ego selbst permanent zu Höchstleistungen in diversen spirituellen Kampfsportarten an, ohne dass der Schüler das überhaupt so bemerkt; denn er glaubt, sein Ego aktiv töten zu können, wenn er sich nur anständig bemüht und den richtigen Befehl ausübt.** Das transspirituelle Lebensgefühl ohne Ego ist KEIN elitärer Ausnahmezustand von Olympiadengewinnern, sondern der natürliche Urzustand, in dem sich jedes Wesen, ja jede Zelle, jedes Atom, jede

Schwingung sowieso befindet. DAS GANZE UNIVERSUM IST EGOLOS! Nur der "zu viel" denkende Mensch schaut in den Spiegel und zieht seltsame Geistergesichter anstatt die sich offenbarende Leere (buddhistisch: Wesenlosigkeit) **von innen zu spüren** und alles zu sein, was JETZT IST.

Solange die Wahrnehmung ans Ego gekoppelt bleibt, hat das Bewusstsein keine Chance, sich selber als grenzenlose Aufmerksamkeit zu entdecken! Daher das Totmeditieren und das Gefühl, Gefangener seiner selbst zu sein. Erst wenn dieses "Selbst" als Fata Morgana verschwindet, öffnet sich automatisch der Blick ins unendliche Nichtsein der ganzen Realität, die zugleich in ihrem Nichtsein als absolut wahr erkannt wird, da es NICHTS WAHRERES "DAHINTER" GIBT. Das große Gelächter des Erlösten beginnt hier und breitet sich wie ein Virus aus! **Überall grinsen Dir Buddhas entgegen, die in dieser besitzlosen Freiheit angekommen sind,** während Dein Ego sich noch bemüht, diese Leere zu besitzen, und Dich zum Guru eines Konzeptes macht: *"Kauft die Leere bei mir, Leute, ich habe die wahre Leere im Sonderangebot! Bei mir bist Du schön, äh, nein: LEER, Du armseliger einsamer Idiot, los, unterschreib, zwei Wochen Retreat, garantiert mit einer Affäre und vielen neuen Freunden, die Deinen Büroalltag danach erträglicher machen, denn Ihr werdet eine Familie sein mit demselben Glaubenssystem, das da heisst: WIR KENNEN DIE LEERE!"*

Wo kein Subjekt ist, sind auch keine Objekte, sondern das unermessliche Sein, das in genau diesem Moment an genau dieser Stelle des Universums GRÜN IST. Grün ist daher keine relative Eigenschaft eines relativen Grashalms, sondern das gesamte Phänomen GRÜNER GRASHALM ist selber hier und jetzt für diesen einzigartigen Augenblick absolut, essenziell, existenziell.

Der Grashalm IST die mystische Erfahrung. Das Grün IST absolutes Sein jenseits aller Konzepte. Wenn Du das spürst, gibt es kein Ego mehr in Dir, sondern nur noch BEWUSST-HEIT über die unendliche Anwesenheit, die Tatsächlichkeit des gesamten Seins in Form all seiner Details. Diese egolose Bewusstheit fragt nicht nach einer Bewusstseinszentrale "hinter" der Bewusstheit, einem "Wer", das da an "sich" herunterschaut. Es sind nur DIE AUGEN, die schauen! Kein "Geist" hinter den Augen, der sagen könnte, "ich schaue durch meine Augen hindurch", sondern die Bewusstheit der Augen selbst, randvoll gefüllt mit der unendlichen Existenz in all ihren Farben. **Nirgends ein externer Gott, der alles göttlicher machen würde als es sowieso ist. Die Wiese ist einfach nur gottlos göttlich grün.**

Das dualisierende Ego erfindet ein NICHTS JENSEITS DER UNENDLICHKEIT, wodurch die Unendlichkeit als etwas Begrenztes vorgestellt wird, das von einem Nichts umgeben wird. Dieses Nichts muss natürlich auch "irgendwo" sein, weshalb es dann in Gott ruht. Und Gott? Der ist auf sagenhafte Weise unendlich und braucht keine Begrenzung, um durch etwas anderes definiert zu werden. Der inflationäre Mindfuck von unerwachten Suchern ist das Spiel der Schildkröten, die auf Schildkröten stehen. Eine letzte Schildkröte, die auf NICHTS steht, sondern im Bodenlosen schwebt, kann es für das dualistische Denken nicht geben, da jede Bodenlosigkeit BEGRENZT gedacht wird und daher einen Rahmen benötigt, in dem sie "stattfindet". **Das Ego inflationiert einfach bis in alle Ewigkeit anstatt seine eigene Unendlichkeit zu bemerken und dadurch identisch mit dem Nichts zu sein, das alles IST, WEIL alles unendlich ist.**

Dieser aufgeblasene Niemand verhindert, dass die ausgelutschten Pfade der kaputten Routine verlassen werden, weil er sich seine Wahrnehmung der Welt durch ein idiotisches "Om" wegmeditiert hat und sich nicht traut, FALSCHES UND SCHLECHTES als falsch und schlecht zu bezeichnen. In seiner hypnotischen Scheinsubjektivität wird alles so relativiert, dass die eigentliche Absolutheit eines jeden Atoms nicht mehr gesehen, geschweige denn empfunden wird. Gleichmacherei führt zu Gleichgültigkeit bei den Oneness-Fanatikern, die den esoterischen Dogmen treu bleiben wie Hitlers Schergen!

m...OM...ent mal?

Jede Ichversion IST in jedem Moment die Ganzheit. Eine künstliche Trennung zwischen Ich und dem Moment rührt ausschließlich von der Existenz beider Wörter, die in echt SYNONYME sind. **Mehr Ich als jeden Moment gibt es nicht – mehr Moment als jedes Ich auch nicht.** DER MOMENT IST DAS EINZIGE ICH, DAS SEIN KANN; DIE GANZHEIT PASSIERT PERMANENT.

Das ganze Kulturgetue ist eine grottenschlechte Reality-Soap mit dem Titel "DEMUT FÜR DOOFE". Lass Dich nicht davon verarschen, sondern **spür das Ganze, indem Du Dich selber ganz spürst: alles, was Deine Sinne Dir vermitteln ist die blanke Wahrheit, tief und banal zugleich.** Wenn es Gott gäbe, er würde sich selber töten, um seiner Selbstdefinition von ungetrennter Ganzheit gerecht zu werden...

Verneige Dich daher vor DIR SELBST im leeren Spiegel als absolutes Selbstbewusstsein des Universums, das nur durch Deine Bewusstheit um sich selbst weiß! **Das Programm heißt LEBEN "LIVE" und läuft reibungslos ab.** Der Spiegel zeigt nur 1 einziges Gesicht, das sich permanent wandelt, nämlich ZU GLAS GEPRESSTEN SAND AUF SILBERFOLIE!

WIE STATT "WER"
(DAS LEBEN ALS AMÖBE STATT AVATAR ERLEBEN)

Wenn Du Dich als eine statische Person "in Dir" suchst (Spirituelle nennen das gerne "ICH BIN"), möchtest Du einen User für Deinen Organismus finden, dessen Erscheinung Dir wie ein Avatar anmutet. Wenn Du dann dank Meditationstechniken diesen eingebildeten innersten Tempelraum betrittst und niemanden findest, klammert sich Dein Ego vielleicht noch eine Weile an diese Leere (im spirituellen Jargon ist das die sogenannte IDENTIFIKATION MIT DER NICHT-IDENTIFI-KATION), bis dieses sich selbst projizierende Ego kapiert, dass es sich nur einen "Seelen-spiegel" geschaffen hat, um seine "Seele" zu erfinden, aber der Spiegel in Wirklichkeit leer ist, sprich: da ist gar kein Ego, das seine Seele sucht und erstrecht keine Seele, die als User eines Avatars in ihrem geheimen göttlichen Versteck sitzt. Erst dann kehrt Dein Bewusstsein IN SEINE EIGENE BEWUSST-HEIT zurück und empfindet seine Erscheinung als Organismus nicht mehr als "schein-bare Erscheinung" (korrekter Spirisprech für Dogmatiker, Fanatiker und Fetischisten), sondern als DAS LEBEN AN SICH in perma-nenter Wechselwirkung seiner Bestandteile: die Sauerstoffatome, die gerade noch vor Deinen Augen tanzten, werden beim Einat-men Bestandteil des eigenen Blutes, das das Gehirn mit der notwendigen Nahrung versorgt, und sind damit für kurze Zeit Aspekte der Identität! Wenn sie dann wieder ausgeatmet wurden, hat sich die Konsistenz des Blutes wieder verändert und es gibt wieder Atome, die nicht mehr zur Identität des körperlichen Erscheinungsbildes gehören. Auf diese Weise (Einatmen & Ausatmen) besteht die Existenz aus einer sich permanent wandelnden Atomk...OM...bination anstatt aus einer statischen Plastikhülle mit einer Managerseele im Zentrum der Hülle. Die Hülle ist hohl und managt sich selbst. Wenn Du nun wieder in einen Spiegel schaust, siehst Du nicht nur ein ganz und gar leeres, gesichtsloses Spiegelbild, sondern Du siehst auch tatsächlich ein hautloses, sich permanent wandelndes Antlitz, das aus sämtlichen Atomen besteht, die sich in dieser Gegend jetzt gerade aufhalten und gleich wieder in andere Gegenden weggedriftet sind. **Dein absolutes Seelengesicht wird erkannt als ein ständiges Kommen und Gehen, Hinzufügen und wieder Zerfließen von allen Atomen, die um sich selbst tanzen!**

ALLES NUR SCHEINBAR?
NEIN: ALLES ABSOLUT ECHT!

Auch das sogenannte Bewusstsein, die Wahrnehmung selber, existiert nur "scheinbar", wenn es typisch spirituell dualistisch formuliert wird, denn es spielt keine Rolle, ob Du DAS SEIN als "illusionäre Matrix" oder als "total wahr" empfindest: solange Du einen Gegensatz zum Sein erfindest (z.B. Nichtsein), ist dieser SCHEINBARE Gegensatz ebenfalls genau das, als was Du das Sein empfindest, denn **ALLES WAHRGENOMMENE (bingo: sogar die Wahrnehmung selbst!) ist ein Teil des unendlichen Seins. Erst die banale Erkenntnis dieser scheinparadoxen Identität von Sein und Nichts aufgrund der Unendlichkeit befreit das Ich von seinem kleinkarierten Denken in begrenzten (Gedanken-) Objekten. Jetzt wird die Welt MITSAMT IHRER SELBSTWAHRNEHMUNG durch Dich in Deiner Wahrnehmung absolut echt, ebenso echt wie die Wahrnehmung selbst.** Das Bewusstsein IST die Welt. Es gibt keine Wahrnehmung ohne Welt. Es ist die Welt, die sich selber wahrnimmt!

Der Raum der Wahrnehmung IST die Welt — der Raum der Welt IST Wahrnehmung. Das sind keine dualistischen Gegensätze. Welt und Wahrnehmung SIND IDENTISCH.

SPIRITUELLES

TRANS

WELTKLIMA

WELLE STATT ZELLE

Diese restlose Auflösung des Egos in der sogenannten "mystischen Erfahrung" ist kein temporärer Zustand, dem das dann trotzdem wieder auftauchende Ego hinterher trauert oder davon angestachelt wird, es wieder erfahren zu wollen, sondern das eigentlich Dissidentische an der Auflösung ist ja ihre Irreversibilität, ihre Unumkehrbarkeit, WEIL das bewusste/erwachte Individuum sich von nun an gar nicht mehr als isoliertes Ego zu definieren vermag: **Da ist niemand mehr, der eine Anleitung zu irgendwas braucht, keiner mehr da, der Fragen hat und Antworten braucht. Da ist nur DAS UNENDLICHE GANZE, das mit sich selbst kommuniziert** in Form von all seinen Elementen: wir sind Partikel – und die Quantenphysik hat es gezeigt: ein Partikel hat Wellencharakter, wenn man das Experiment so aufbaut, dass diese Welleneigenschaften erfahrbar sein dürfen. Je nach Ausrichtung des Experiments ist das Nichts, das wir "Materie" nennen, sowohl Teilchen als auch Welle. Für das Ego mag das paradox sein, aber für das freischwebende ego-dissidente Bewusstsein besteht da kein Unterschied: es nimmt einfach ALLES WAHR. **Das Ego braucht Ursachen und Wirkungen, der freie Geist (Freigeist) erlebt alles multidimensional vernetzt, verbunden, einander durchdringend und bedingend...**

N.A.Z.I.-BRANDBRIEF
(N.aturwunder A.stronomie Z.enbuddhismus I.ntrospektion)

Wusstest du, dass im Zentrum unserer Galaxie ein schwarzes Loch alles zusammenhält und uns allmählich aufsaugt? Wusstest du, dass irgendwann alle schwarzen Löcher des gesamten Universums zu einem einzigen fusionieren, dass sich quasi selbst verschluckt? Aber was hat das alles mit Tagespolitik zu tun, fragst du verunsichert? Rechtsradikale und Linksradikale haben einen gemeinsamen wunden Punkt, den sie sogar mit der politischen Mitte teilen. Sie alle sind Opfer der größten Zivilisationslüge, aufgrund derer die Menschheit sich lächerlich macht im Angesichte der essenziellen **Erkenntnisse, die von Naturwundern, der Astronomie, dem Zenbuddhismus und der Introspektion ausgehen:** des narzisstischen Aberglaubens an die ichverhaftete Identität des Individuums. Die Menschheit hat schlichtweg vergessen, sich darüber bewusst zu werden, dass dieses sogenannte Ich, das jede Person als ihr Bewusstseinszentrum benutzt, eine soziologische Fata Morgana ist, auf deren virtuelle Perfektion durch gezielte Erziehung von Geburt an seit endlosen Generationen hingearbeitet wird. Nazis, Autonome, Bürger, Flüchtlinge, Präsidenten, Terroristen, Nudisten, Konservative, Anarchisten, Künstler, Philosophen, Pragmatiker, Freaks und Gurus – sie alle sind Anhänger derselben Sekte, die an die Existenz ihres Egos glaubt. Und dieses Ego, ganz gleich welcher Ausrichtung, verteidigt seine eigene Illusion, indem es für eine Ideologie kämpft, auf die es programmiert wurde. Und jede Ideologie fordert die Erfindung einer Gegenideologie heraus! Wir haben kein Klimaproblem und kein Flüchtlingsproblem, kein wirkliches Wasserversorgungsproblem oder Urwaldabholzungsproblem. **Das alleinige Metaproblem ist der Mensch mit seinem Ichfanatismus, der ALL DIESE PROBLEME ERFINDET, indem er noch immer nicht zum Ausstieg aus seiner Egosekte bereit ist, weil ihm verschwiegen wird, dass er selbst ein Problem hat: sich selbst!**

Es wird immer von allen Ideologien genug Menschen geben, um die Beschäftigungstherapie des humanen Normalfanatismus fortzusetzen, solange die Selbstsoldaten nicht ansatzweise begreifen, dass ihr gesamter Glaubenskrieg auf einer Lüge fußt. Früher schien es ein Tabubruch zu sein, zu behaupten, es gäbe keinen Gott, aber heute besteht das viel größere Tabu darin, zu erkennen, dass der Erkennende selbst eine Illusion ist. Wer heute noch der Berufung seines Egos folgt und dafür über Leichen geht, ist gezwungen, die vier spirituellen N.A.Z.I.-Disziplinen komplett zu verdrängen:

Das in sich verkrampfte Ich ist 1) nicht offen für das Wunder der Natur (weil das die Fähigkeit zur bedingungslosen LIEBE voraussetzt); hat 2) Angst vor der Unendlichkeit des Universums und dessen Selbstvernichtung in einer fernen Zukunft (weil das die SINNLO-SIGKEIT von allem offenbart); begreift 3) nicht, wieso alles im Innersten wesenlos, hohl und vergänglich ist, obwohl es für einen Moment wie eine harte Tatsache wirkt (weil das der LEERE des eigenen Ichs entspricht); und ist 4) unfähig, in sich hinein zu horchen, um mit diesem Naturwunder der kosmischen Unendlichkeit in der eigenen Leere zu verschmelzen.

Das ist der beste Science-Fiction-Film, den du dir überhaupt vorstellen kannst: wir selber auf unserem eigenen Planet sind das eigent-liche Märchen, das biologische Superraum-schiff der Extraklasse, der größte gesunde Wahnsinn, die letzte Wahrheit! Komm, du verbohrter Nazi jeder Ideologie, reich uns die Hand und tanz mit uns! Spreng die Fesseln deiner Seele und schau uns in die Augen: wir sind deine eigene Leere, wir sind die unend-liche Ichlosigkeit deiner Gedanken, wir sind dein reales Gegenüber, in dessen Augen du das unendliche schwarze dunkle Weltall sehen kannst, aus dem wir gemacht sind. Wenn du uns tötest, tötest du lediglich deine eigene Leere.

WER? WAS? WIE? WODURCH?

Die entscheidende Fangfrage ist das "WER?", wenn all diese spirituellen Imperative wie Befehle auf einen Suchenden hernieder prasseln: **WER soll sich da denn von WEM disidentifizieren? Wenn sich das Ich als Illusion erweist, zeigt sich automatisch, dass auch sämtliche Befehle, die es ausüben sollte, um sich selbst zu töten, nur Illusionen desselben Ichs waren.** Niemand braucht nichts zu tun, um SICH FREI ZU FÜHLEN, da das Gefängnis lediglich eine Illusion des Ichs war, das glaubte, in Unkenntnis seines eigenen (erhofften) "Wesens" zu sein, das in der Satsangszene als göttliches "DAS" bezeichnet wird. Das Leben ist sich seiner selbst bewusst. Ganz ohne ein Selbst, das das getrennt vom Leben täte. JEDES "Selbst" ist nur sich seiner selbst bewusst gewordenes Leben. Das LEBEN als unendliches Fließen kennt kein Problem, geschweige denn ein "größtes aller Probleme", das gelöst werden müsste. Das Leben HAT kein Problem, es IST nur das Leben – ohne ein (dualistisches) Gegenteil seiner selbst. Etwas "leereres" und "nicht-seienderes" als das Leben selbst gibt es nicht. Das Leben ist bereits sein eigener supramentaler Superlativ.

Alles geschieht automatisch. Das Leben benötigt kein extra Ich, um sich seiner selbst bewusst zu sein. Das ist das Seltsame an der Ichlosigkeit: vorher grübelt das Ich immerzu darüber, wie toll und erstaunlich es wohl wäre, wenn es "selber von sich befreit" wäre. Wenn aber dann dieses Ich plötzlich futsch ist, gibt es auch kein "ichloses Ich" mehr, das sich dadurch sagenhaft erhaben heilig stolz erleuchtet ichlos fühlt. **Es bleibt nur die Wirklichkeit selber, die einfach dauernd "von selbst" geschieht, ohne ein inneres Selbst/ Wesen zu haben.** All die Bewusstseins-coaches, Gurus und Satsanglehrer leben in der esoterischen Illusion eines ichlosen Ichs, das Ihnen Würde & Wissen verleihen soll und gegenüber den Suchenden Vorteil verschafft hätte. Aber diese berühmten Weisheitsfana-tiker sind leider nur Pappfiguren in dem Spirimarionettentheater. Eine total banale Erleuchtungskomödie. Aus Sicht der Ichlosig-keit ist diese Spiriszene ein Slapstick und weiss es nicht einmal! Versuch einmal, nicht "durch Dein Ich" wahrzunehmen, sondern stattdessen mit jeder Faser bis in die Finger-spitzen, als hättest du tausend Augen und Ohren und Nasen am ganzen Körper verteilt! **Der Körper benötigt kein Ich, um DAS GANZE zu spüren, weil der Körper aus diesem Ganzen gemacht ist.** Der Körper schläft nie ein, er ist immer wach. Schlafen kann überhaupt nur das Ich. Der Körper ist ständig in Aktion, auch das Liegen, Ruhen, Entspannen ist eine Aktion.

ABSOLUTER AUSDRUCK DES SEINS

Wer das dualistische Denken seines soge-
nannten "Egos" komplett überwindet, weil er
bemerkt, daß das Ego nur eine sprachliche
Illusion neben allen anderen Metagedanken
ist, **fällt aus allen Systemen heraus: die
Kultur, die Politik, die Religion, der
Sport und die Persönlichkeit — die gesamte Zivilisation löst sich in seinem
Bewusstsein auf** und hinterlässt das
Gefühl, nichts tun zu müssen, um irgendetwas zu erreichen, weil es NIEMANDEN und
NICHTS gibt, um sich für eine "absichtliche
Aktion" zu entscheiden, die mehr will als nur
aus Selbstzweck sowieso zu geschehen. Das
ist die Botschaft von Yoga, die im Leistungs-
stress des Erleuchtungswahns und Gesund-
heitsfanatismus' verloren geht. **Das schein-
bar Paradoxe an Yoga als spiritueller
(und sportlicher!) Disziplin ist die
ÜBERWINDUNG VON SPIRITUALITÄT
DURCH YOGA selbst; denn die menschliche "Mitte" ist weder perfekter Körper
(Fitness/Beauty) noch vollendeter Geist
(Freiheit/Buddha),** sondern genau umge-
kehrt: alle körperlichen Reize und geistigen
Regungen sind genauso wie Autos, Atome,
Tiere, Blumen, Sterne und Galaxien nur
unpersönlicher ABSOLUTER AUSDRUCK DES
SEINS, das im Innersten wesenlos leer ist.

SELBSTGESPRÄCH DES SEINS

Buddhaschaft ist keine Demenz! Du musst keinen geistigen Prozess zum Stillstand bringen, um "frei" zu sein. **WER soll sich von seinen Gedanken disidentifizieren, um nur noch Zeuge des Denkens zu sein? Der "Zeuge" ist ebenfalls nur ein Gedanke.** Da ist niemand, der denkt oder Zeuge ist. ALLES FINDET EINFACH NUR STATT. Es besteht kein Grund, zu meditieren, wenn alles, was ist, als solches einfach grundlos sein darf, was es ist. Alle Metaphern sind dualistisch: Marionette, Tropfen, Zelle, Welle – die konkrete Realität ist absolut nondual! **Niemand ist an unsichtbaren Fäden aufgehängt und wird vom heiligen Schicksal oder höllischen Scheusal dirigiert. Die UNENDLICHKEIT ist ein Selbstgespräch des Seins. Für das Ego wirkt das paradox, weil es in Dualitäten denkt. Aber das Denken selber ist nondual; es ist die freie Wahrnehmung des sich selbst bewussten Seins.**

SOZIALE TRANCE

Nicht WER glaubt an sonstwas oder ist desillusioniert, lautet die richtige Frage, sondern WAS ist dieses Wer. Solange Du an irgendwas glaubst oder stattdessen total radikal desillusioniert bist, ist es DEIN ICH, das all diese esoterischen oder vermeintlich postspirituellen Eigenschaften besitzt und sich als "suchend" oder "erleuchtet" empfindet. **Das wahre Erwachen besteht im Erfahren, dass diese Person, die alles auf sich bezieht, selber nur ein Produkt der sozialen Trance ist.** Aber WER kann das ERFAHREN? Da ist niemand mehr zum Erfahren – es ist die gesamte Wirklichkeit selbst, die sich in jedem Bewusstsein in jedem Moment als absolut WIRKLICH erfährt!

BE AWARE – IT IS NOT SCHWER

Ist es ein typisch deutsches Symptom: die spirituelle Schwermut des Suchens nach IRGENDETWAS, das Glauben an den größten Schwachsinn, nur weil er seit tausenden Jahren als zwangsneurotisches Erbe kulturell konserviert wird? Braucht der Deutsche einen Glauben, um die Realität zu ertragen? Was macht der Amerikaner? Was die anderen Völker? SIE GLAUBEN AUCH ALLE AN IRGENDETWAS! Aber *WER* "glaubt" ? Das EGO. **Ohne Ego fließt das Bewusst-Sein einfach nur gemütlich dahin. Ohne Ego kein Stress. Transspirituelle Wellness.**

WER ERFÄHRT (KEINE) WAHRHEIT?

Weder gibt es DIE "Freiheit" (weder relative noch absolute), noch gibt es eine Person, die ETWAS (wie Freiheit, Leerheit oder das Das) erfährt, noch ist das Erfahren ein anderer Sinn als all die wunderbaren zehntausend Sinne, mit denen wir die WIRKLICHKEIT ALS ABSOLUTE WAHRHEIT verarbeiten. Der Verstand ist nichts von den Erfahrungen abgespaltenes, böses, entfremdetes – nur das eingebildete Ego glaubt, daß SPRACHE/ DENKEN im Widerspruch zur Erfahrung stünde, weil das Ego daran verzweifelt, daß ihm alles wie Sand zwischen den Fingern zerrinnt und doch jedes dahin rieselnde Sandkorn DIE ABSOLUTE ANTWORT ist. Nicht weil *im* Sandkorn Freiheit/Leerheit wohne, sondern weil jedes Sandkorn selber als solches die große gesuchte Freiheit/Leerheit IST. **Es gibt keine Gefangenschaft! Nur das Ego FÜHLT sich gefangen, weil es sich nicht traut, überhaupt wirklich zu FÜHLEN.** Das Ego ist das erkaltete Herz des Neurotikers, der das Zerfallen des eigenen Körpers zu Staub nicht verkraftet und "Geist" außerhalb des Staubes sucht, um sich frei vom tosenden Fluss, vom permanenten Zerfließen zu wähnen...

"Man würde sich sofort eins fühlen mit der ganzen Natur und mit dem Universum selbst, wenn man verstehen könnte, dass es kein "Ich" mit einem festen Kern gibt, gewissermaßen als Denker von Gedanken, Fühler von Gefühlen und Empfinder von Empfindungen, und dass die Welt nicht etwas ist, das "außerhalb" unseres persönlichen Seins existiert, weil sich der Körper IN der physischen Welt befindet. Wenn man also zuhört, hört man nicht einen, der zuhört."

Alan Watts:
ZEIT ZU LEBEN (1972)

RAMSCH DASS 2020

Ram Dass, der letzte spirituelle Showmaster des 20. Jahrhunderts ist tot! Und DU erwartest nach der Verramschung der Spiritualität das Ende vom Guruismus mitsamt seiner "tollen" Schäfchen...

Seit Jahrhunderten suchen Psychologien, Philosophien und Religionen den "freien Willen", ohne zu klären, WER die Person sei, die diesen dann hätte. Der Scheindualismus hypnotisiert und narkotisiert ihr Ich, indem sie übersehen, daß **kein Wesen unfrei ist, sondern restlos verbunden/vernetzt mit allen anderen.** Das sehnsüchtig jammernde Ich verleugnet diese letzte Wahrheit, weil ihm unerträglich scheint, nur durch die Existenz aller anderen Wesen definiert zu sein. Es möchte ein freies "Selbst" völlig unabhängig vom restlichen Universum HABEN, ohne zu begreifen, daß dies seine eigene Erfindung ist, an die es sich völlig unfrei klammert.

Schüler: *Ich fühle mich einsam.* **Meister:** *Fühlt sich ein Grashalm einsam?* **Schüler:** *Nein, natürlich nicht!* **Meister:** *Was unterscheidet dich von ihm?* **Schüler:** *Ich kann denken.* **Meister:** *Wäre der Grashalm einsam, wenn er denken könnte?* **Schüler:** *Nein!!* Aber warum nicht? Weil er nur einen Gedanken hätte: ICH BIN DER GRASHALM!

Wenn du glaubst, DU hättest ein Ich, bist du bereits ZWEI. Wer IST das Ich, das eins HAT, wenn nicht dasselbe Bewusstsein, das dieses Ich ist, das es hat? Bist du nun oder hast du nur? Oder beides? Weder noch: das Wort "ICH" steht nur für DIE SELBSTBEWUSST-HEIT des Seins, das ALLES sein und haben kann, was in diesem Moment passiert und im nächsten zerfällt. Hinter diesem unendlichen Wandel steckt niemand Höheres und nichts Tieferes, um das Universum zu bezwecken – **die Selbstbewusstheit des Seins ist eine hohle Nuss, das Leben ein Selbstläufer!**

Als "Individuum" kannst du ICH zu dir sagen und meinst dann natürlicherweise den Körper umgeben von Haut und Kleidung, vielleicht auch die übernatürliche Vorstellung von Seele als ein immaterielles Objekt. Von dort aus sieht die Welt aus, als ob alles da draußen stattfände und von "dir" entweder gemocht oder gemieden wird. Wenn du nun von diesem ICH einmal absiehst und dich nur wie ein **Fels in der Brandung** oder ein Baum mitten im Sturm fühlst, dann geschieht etwas seltsames: **da ist niemand mehr**, der sich sehnt oder leidet, der flucht oder sich freut – deine Sinne mutieren zum reinen Selbst-zweck, die Haut und das Atmen, das Denken und die Organe, alles wird urplötzlich zum Ausdruck des Universums, **das elektrische Zittern der Nerven** erscheint der Wahr-Nehmung als unendliches Flackern der Sterne in den ganz nahe gerückten Galaxien. Jetzt sucht keiner mehr nach einem "Sinn"; denn die Sinne öffnen sich ins Selbstverständliche: **ALLES PASSIERT**, das ist absolutes LEBEN.

KLIMAYOGA GEGEN KLIMAANGST

Yoga is NO SPORT to become sexier or a "better version" of anything but a simple body meditation to OVERCOME EGO by feeling yourself without any self: totally connected!

Yoga ist KEIN SPORT, um attraktiver zu werden oder die "bessere Version" von irgendetwas, sondern eine simple KÖRPER-MEDITATION zur Überwindung des Egos durch das Spüren deiner selbst ohne ein Selbst: vollständig verbunden!

GANZ SEIN

KLIMAANGST ist nur ein weiteres Symptom der neurotischen Ich-Fixiertheit anstatt sich zu fragen, WER da vor dem Leben Angst hat: das illusionäre ICH! Klimayoga ist das meditative Potenzial, sich mit den Lebensumständen 100% eins zu fühlen anstatt als Opfer einer Veränderung. Nur das abgespaltene Ego wehrt sich gegen Neues und versucht krampfhaft, sich vor dem Unendlichkeitsflow zu schützen, während die erleuchtete freie Wahrnehmung unendlich IST. **KEINE KLIMAANGST ZU HABEN, WEIL KEIN ICH MEHR DA IST, DAS IRGENDETWAS "HAT", SONDERN ENDLICH "GANZ" ZU "SEIN", BEDEUTET NICHT TATENLOS ZUZUSEHEN, WIE ALLES "AUS DEM RUDER" LÄUFT, SONDERN SICH NICHT MEHR ALS RUDERER IN EINEM BOOT ZU FÜHLEN, SONDERN SELBER DER OZEAN ZU SEIN!**

DAS GIBT 100% KRAFT FÜR JEDEN MOMENT, UM KOMPLETT IM MOMENT AUFZUGEHEN ANSTATT AUFZUGEBEN!

SELBSTLOSIGKEIT

Apropos Angst: Die Weltwirtschaft an sich ist nie gefährdet, sondern der Mensch handelt so, daß er sie in Gefahr bringt – wie bei Hamsterkäufen: die Regale der Supermärkte sind nicht leer, weil es nicht genug Waren gäbe, sondern DER MENSCH erzeugt dieses apokalyptische Szenario! Alles, was Angst macht, wird von genau dieser Angst selber ins Leben gerufen. Daher kann LIEBE (konkret: Solidarität und Selbstsanktionierung*) auch eine nachbarschaftliche Gesellschaft erfinden: **Völkerfreundschaft und Weltbürgertum sind keine soziale Spinnerei, sondern DAS ERGEBNIS von Menschen, die das tatsächlich wollen! Wer Heilung WILL, handelt heilsam – wer Angst BRAUCHT, erfindet eine Welt aus Angst!** Daher ist die Auseinandersetzung mit der Illusion des Ichs der Anfang einer nachhaltig besorgteren Welt. Die Fähigkeit zum BESORGTSEIN muss größer werden als das neurotische Bedürfnis, sich ständig Sinnersatz für die innere Leere zu besorgen. Erst wenn sich das psychische ICH auflöst, leuchtet die innere Leere als Tempel für eine ungeahnte Offenheit!

*Sanktion: lateinisch sanctio = Heilung (sancire=heiligen), Anerkennung, Bestätigung

C.O.V.I.D.-19
"C.hance o.ntologischen V.ertrauens i.n D.ich"

DAS CORONAVIRUS ALS

SPIRITUELLE CHANCE:

KOMM IN DEINE MITTE!

VERZICHTE AUF ALLES,

WAS DICH DAVON ABLENKT,

GANZ IN DIR ZU WOHNEN.

SPÜR DEINEN KONTAKT

MIT DEM UNENDLICHEN.

DU WOHNST IN DER LEERE.

DIE ECHTE APOKALYPSE
(HOME-OFFICE-HIRNJOGGING)

Apropos Coronakrise und Klimawandel: Das Weltall ist 13,7 Milliarden Jahre alt. Unsere Sonne leuchtet bereits in 1 Milliarde Jahre 10% heller als heute, wodurch die Wohnzimmertemperatur auf 50°C ansteigt. Dank futuristischer Technologien werden wir dann natürlich unser "Bioraumschiff Erde" weiterhin als Treibhaus bewohnen können und uns überall wie im Karibikurlaub fühlen. Leider mündet dieser kollektive Ausnahmezustand sowohl mit als auch ohne Grippe in ein kosmologisches Desaster...

Das Universum besteht derzeit zu 23% aus "Dunkler Materie" und zu 5% aus der uns bekannten Materie. Die fehlenden 72% sind "Dunkle Energie", eine Eigenschaft des Vakuums. Aber in 100 Billionen Jahren wird es im All zu 100% zappenduster, jetzt beginnt die **Apokalypse: es werden keine neuen Sterne mehr geboren, alle existierenden sterben allmählich – und der Weltraum verdunkelt sich irgendwann komplett.** In etwa 10^{14} Jahren werden erkaltete Sternleichen dank Gravitationskraft von Schwarzen Löchern aufgesaugt. Durch die Selbstverbrennung der Dunklen Materie entsteht allerdings zunächst noch genug Wärme für biologische Prozesse in den oberen Schichten der Sternleichen, so daß noch weitere Milliarden Jahre Zeit bestünde, um in zahllosen Evolutionsstufen neue intelligente Lebensformen zu entwickeln. Diesen Aliens sollten wir wenigstens eine nette Botschaft hinterlassen, frei nach dem Motto *"UNS GAB'S VOR EUCH!"*; denn: **Auch das Schwarze Loch im Zentrum der Milchstraße frisst die gesamte Materie unserer Galaxie.**

Vorher widerfährt unserem Heimatplanet aber bereits sein schmerzhafter Abschied, falls wir die Verschmelzung der Milchstraße mit unserer Nachbargalaxie, dem Andromeda-Nebel, in ein paar Milliarden Jahren überstehen: dann sind die Wasserstoffvorräte der Sonne aufgebraucht. Sie wird sich aufblähen, unsere Ozeane verdampfen lassen und die Erde in einen Felsplanet mit glühender Lavaoberfläche verwandeln. Schließlich vereinleibt sich unsere neue Megasonne die Planeten Merkur, Venus und Erde. Darüber hinaus wird das Weltall in vielen Billionen Jahren sowieso nur noch aus einer Akkumulation Schwarzer Löcher bestehen, deren konzentrierte Materie sich allmählich in Strahlung umwandelt.

Schlußendlich wird das Universum ein materieloses Strahlungsfeld im Multiversum sein: ein winziger Tropfen im Meer aller Paralleluniversen. **Also selbst wenn wir unter den zig Milliarden Planeten unserer Heimatgalaxie mit ihren 200 Milliarden Sternen eine "Erde 2" finden sollten, ist das Zivilisationsspektakel dem Untergang geweiht.**

Egal ob mit Gott oder ohne.

WUNDERBARE WAHRHEITSSUCHER

Zu guter Letzt sei noch gesagt: IHR SEID WUNDERBAR, OH IHR SUCHER DER WAHRHEIT! Auch wenn wir Euch jahrelang gehänselt und genervt haben, weil Ihr der Erleuchtungskarotte hinterher rennt, so sei eines ganz klar festgestellt: **IHR seid die Hoffnungsträger der Menschheit, denn IHR leidet unter der angepassten Oberflächlichkeit des normalen Alltags und habt noch SEHNSUCHT nach mehr! IHR seid es, die sich mutig zitternd auf den Weg gemacht haben, um Fragen zu stellen, die der guterzogene Bürger noch nicht einmal denken kann! IHR werdet schief angeguckt, im Freundeskreis, in der Familie, unter Kollegen...** vielleicht werdet Ihr sogar gemobbt, weil ihr aus der Kirche austratet, *um* Gott zu suchen. Man fühlt sich unverstanden, im Stich gelassen, isoliert und allein – aber: IHR FINDET EUCH! In Retreats (ganz egal, wie viel Geld sie kosten und wer daran profitiert), auf Kongressen (egal wie elitär die Geschichtenerzähler auf der Bühne Euch einlullen mit falscher Hoffnung auf Erleuchtung oder Erlösung), in der Osho-Disco oder im Yoga-Urlaub: **IHR FINDET EUCH UND TUT EUCH ZUSAMMEN! Das gibt Kraft, das gibt Mut, das gibt Austausch und wahre Erkenntnis!** Und eines Tages, wenn Ihr die ganze "überflüssige" Odyssee überstanden habt, und Euch darüber schlappgelacht, wie bescheuert Ihr wart, diese ganze Fastfood-/Secondhand-Spiritualität zu konsumieren, DANN werdet Ihr weinen können vor Freude, dass Ihr so tapfer wart, DURCHZU-HALTEN bis zum bitteren Ende (denn süß ist nur der Aberglaube), und **Euch bei Euch selber bedanken dafür, nicht locker gelassen zu haben. Trotz aller Krisen. Trotz aller Schmerzen, Traumata, Ängste, Verzweiflungen: IHR HATTET DIE NÖTIGE SEHNSUCHT, die so vielen Menschen fehlt.** Und jetzt, da Ihr endlich weder Fragen noch Antworten habt, weil Euch das Ego abhanden gekommen ist, aus dem dieses Frage/Antwort-Spiel entsteht, da **SEID IHR BEREIT für das ganze, totale, unendliche Leben, ganz frei von irgendwelchen Hintertürchen, durch die man das Paradies erreichen möchte, denn IHR SEID DIESE GANZE LEERE UNENDLICHKEIT "IN PERSONA". Namenlos, gesichtslos, ichlos: mit voller Bewusstheit. IHR SEID ENDLICH WACH!** Darum wünschen wir Euch alles Gute weiterhin auf Eurem Weg in die Freiheit. Lasst Euch nicht abzocken, aber bleibt experimentierfreudig! Besser einen teuren Retreat zu viel, als in der Klapse zu landen! Am Ende erwartet Euch zwar KEINE BELOHNUNG, aber das Wunderbare ist dann, dass es auch niemanden mehr gibt, der sich eine Belohnung wünscht. IHR SEID DANN EINFACH NUR "DA". So sehr, wie es das kleine, erbärmlich jammernde, flehende, suchende Ich nicht ertragen hätte. So sehr wie die alten Zenmeister, die "schlafen, wenn sie schlafen" und "essen, wenn sie essen". HIER BEGINNT DAS WAHRE LEBEN.

AB JETZT DARF GEFÜHLT WERDEN, GE-DACHT, GEGESSEN, GESCHLAFEN, GEARBEI-TET: **ES WIRD EINFACH NUR NOCH GETAN, WAS PASSIERT.** Und da Du nicht die/der einzige Mensch bist, der dort "ankommt", wo man nicht "hin" kann, weil es GENAU DORT IST, WO DU SOWIESO SCHON LÄNGST BIST, **wirst Du auch nach dem "Prozess" andere Verbündete treffen, die wieder spüren, was zu spüren ist — und das ist gewaltig!** Ernüchternd trivial, und doch großartig. Denn die Suche ist um. Und Du kannst Dein Geld nun für Dinge aus-geben, die Du wirklich *existenziell* brauchst — oder es einfach an jemanden verschenken, der gerade keins hat! **DU BIST FREI! Willkommen im echten Leben!** Deine sich vor Euch allen verneigende LDL in tiefer Bewunderung und Dank für Euer Durchhalte-vermögen. Wir haben viel von Euch gelernt. **Unsere Bücher wären ohne Euch nicht geschrieben worden.** Macht was draus. Haut auf die Kacke! Erwacht! Flippt aus! Küsst oder ohrfeigt den Nachbarn oder nächstbesten Fremden — SEID SPONTAN AUS DER LEERE HERAUS, die in keiner Mitte zu finden ist: haut der Leere mit der Leere in die Fresse! Kopuliert und lasst es krachen! **Und Ihr werdet bei all dem aus so viel Stille bestehen, dass man den Grashalm hören kann, wie er im Winde gebogen wird...**

Wer wir sind? Wir SINNd!

Die "LIGA DER LEEREN" wurde 2014 als anonymes Netzwerk diverser integral politisierter Autoren aus dem Umfeld des Magazins "connection spirit" ins Leben gerufen, um über den eigenen spirituellen Tellerrand zu schauen. Die "personale" Anonymität aller Beteiligten war eine Gründungsbedingung der LDL, um dem NARZISSMUS VON GURUS integrale Inhalte entgegensetzen zu können, ohne durch Projektionen "spiritueller Sucher" als unserer geschätzten Leserzielgruppe verfälscht zu werden. **Die Identität der LDL-Gruppe ist also eine prinzipielle konzeptionelle Anonymität: es ist absurd danach zu fragen, "wer" sich hinter der LDL "verstecke", da es kein Versteckspiel ist, sondern schlichtweg die Voraussetzung unserer Arbeit, so wie wir sie von Anfang an als Vision und Auftrag empfunden haben!** Als individuelle Persönlichkeiten sind wir bereits lange genug in der sogenannten Spiriszene aktiv gewesen und haben teilweise das Prestige von Gurus genießen dürfen. Dieses Prestige behinderte unsere Schüler immer wieder und wieder in ihrer eigenen Entwicklung hin zum Erwachen aus der Abhängigkeit von "heiligen" Botschaften. **Wir bieten unsere Manifeste nicht als Secondhand-Spiritualität anstatt der eigenen "Erleuchtung" an, sondern als simple Nachhilfe zur Aufklärung über die Fakes und Fratzen der Neuen Religiosität. Es**

sind sachliche, entpersonalisierte Informationen, die durch die Beiträge unserer Gastautoren ergänzt und erweitert werden. Wer unsere Botschaften richtig und sinnvoll findet, wird keinen von uns als Guru verehren können, sondern uns auf Kongressen und Satsangs begegnen, als wären wir ebenfalls Schüler. Dadurch bewahren wir alle auf den vielen Veranstaltungen die gleiche menschliche Augenhöhe und können uns über die drängenden Themen der Szene spontan und tabulos humorvoll unterhalten, ohne diese falsche, überhöhte Ehrfurcht von Suchenden, die sich im Angesichte von Gurus selbst klein machen. **Die LDL möchte damit sowohl den Minderwertigkeitskomplexen als auch dem Größenwahn des Schüler/Meister-Theaters vorbeugen.** Wir spielen quasi "unsichtbares Theater". Wir sind schon seit Jahren mitten im Geschehen dabei. Du kennst uns vermutlich "persönlich", aber ahnst nicht das Geringste. Wir blöffen mit tiefsinnigen und verwirrenden Fragen anstatt besserwisserisch von der Bühne zu blöken. Wir sprechen nur hier Klartext, indem wir die Spiriszene wie Spione beobachten und analysieren. Wir sind sozusagen die Günter Wallraffs der Esoterikmessen und Satsangsekten! WIR ZERSETZEN DEN KULTURKONDITIONIERTEN MINDFUCK WIE EINE SÄURE IM SPIRITUELLEN BETRIEBSSYSTEM. **Wenn Du jemanden triffst, der behauptet, er sei einer der geheimen Autoren des LDL Kollektivs, dann ist er definitiv KEINER VON UNS,**

denn die *biografische* **Persönlichkeit unterliegt bei uns der strikten Geheimhaltung!** NOCH NICHT EINMAL unsere Gastautoren wissen, wer wir hinter der Maske der Satire wirklich sind – sie vertrauen dem aufklärerischen, informativen Zweck des Projekts! Dafür einmal an dieser Stelle ein ganz großes Dankeschön! IHR ALLE seid es, die das Projekt lebendig machen: Gastautoren, Kommentatoren und Nervensägen! Ihr seid das Fleisch auf den hohlen Knochen!

In der gesamten Entwicklung der digitalen Bildung wird immer noch nicht genügend erkannt, welche Bedeutung die Auseinandersetzung mit den spirituellen Fundamenten unserer Zivilisation einnimmt. Ein rein technologisches Fortschreiten hin zu einer vollständig virtuell gesteuerten Arbeitswelt wird die Menschen ebenso seelisch zerstören wie es seit Jahrzehnten bereits auf traditionelle Weise geschieht. Die Politik muss auch EXISTENZIELLE LEBENSFRAGEN UND LEBENSRATGEBER in der digitalen Lebenswelt verankern, damit die Menschheit nicht technokratisch verblödet...

Dies war das Buch

"IMMUN"
JEDER MENSCH IST EIN DIPLOMAT
Das *"Best of"* der Liga der Leeren 2014 – 2020

Alle LDL-Texte/Bücher:

urruhe.de
nullyoga.de
nulltherapie.de
www.uryoga.de
burnoutyoga.de
übertherapie.de
www.gott2go.de
www.zero2go.de
www.antiyoga.de
www.zeroyoga.de
www.relaxyoga.de

Gastbeiträge an:
ligaderleeren@gmail.com